DROIT DES GENS,

Comme l'entend et l'exerce l'Angleterre

A L'ÉGARD

DES COLONIES FRANÇAISES.

« ....
» ....
» ...., Dans cette fatale carrière d'infractions au droit des gens,
» l'initiative appartiendra au gouvernement anglais. Aux exécrables pro-
» vocations de ce gouvernement, le premier Consul fera une exécrable
» réponse. Les coups égarés de sa colère iront tomber sur une tête à
» laquelle ne devait pas s'étendre une si odieuse solidarité. D'un côté, des
» tentatives d'assassinat contre le chef du gouvernement français, dirigées,
» soldées par le cabinet de Londres; des trames tendant au meurtre
» ourdies par les agens diplomatiques de ce cabinet; et, pour couronner
» ces actions infâmes par d'infâmes maximes, ce même cabinet avouant
» avec audace les procédés coupables de ses agens, et érigeant en système
» le droit de profaner le caractère sacré des ambassadeurs par leur trans-
» formation en instrumens d'embauchage et d'intrigues.............. »

M. BIGNON,
Histoire de France, depuis le 18 brumaire 1779,
jusqu'à la paix de Tilsitt.

« Je l'engage à écrire l'histoire de la diplomatie
» française de 1792 à 1815. »
(*Testament de* NAPOLÉON.)

Paris.

VINCHON, FILS ET SUCCESSEUR DE Mme. Ve. BALLARD,
Imprimeur, rue J.-J. Rousseau, No. 8.

1831

UN MOT

Sur l'évasion des Esclaves aux Colonies Françaises, et le recel qui en a lieu dans les Iles Britanniques.

Il est des faits d'une nature tellement odieuse, tellement contraire à tous les élémens d'ordre et de morale, à tous les sentimens d'honneur et de probité, à tous les principes de justice et d'équité, que, de quelque manière qu'il plaise à la conscience de les envisager, en politique, en administration comme en droit, elle ne pourra jamais se dispenser de les qualifier ce qu'ils sont, c'est-à-dire, ce que de tout temps, parmi les peuples civilisés, on est convenu d'appeler *rapine et brigandage*.

Tels sont pourtant les faits dont le gouvernement des colonies anglaises se rend coupable à l'égard des colonies françaises, leurs voisines.

Il s'agit ici de l'impudeur avec laquelle une nation grande et puissante, qui se dit sage et libérale, la nation britannique enfin, favorise et provoque même la désertion de nos esclaves, en les attirant dans ses dépenpances par un accueil perfidement généreux, et en

I

proclamant à la face du monde entier la protection ouverte qu'elle accorde à tous nos fugitifs, voleurs, empoisonneurs ou incendiaires !....

Ce spectacle révoltant afflige la raison autant qu'il insulte à la moralité de la génération actuelle. Si nous étions encore plongés dans ces temps de barbarie où la force et la ruse étaient parmi les hommes les seules règles de conduite, il ne faudrait pas s'étonner de ce qui se passe autour de nous ; mais c'est au dix-neuvième siècle que nous avons ces monstrueux procédés à reprocher à nos voisins ! Pouvons-nous donc, sans la plus vive indignation, contempler la cynique audace avec laquelle ils se livrent chaque jour contre nous à des actes dont la bassesse prend à nos yeux la couleur du crime et de l'iniquité ?

Non, si nous permettons plus long-temps que l'influence étrangère pénètre, agisse même jusqu'au sein de nos foyers, c'en est fait de notre constitution vitale, de nos propriétés matérielles ; encore quelques jours, et le sort des colonies françaises rentrera dans le domaine de l'histoire : elle seule pourra dire alors ce que ces belles colonies ont été et pourquoi elles ne sont plus !

Mais nous parlerons avant l'histoire, nous lui fournirons au moins quelques documens, et si notre voix, comme celle de saint Jean, doit se perdre dans le désert, ou si, comme Cassandre, nous ne parvenons pas à persuader aux Troyens ce qu'ils doivent attendre des Grecs, du moins encore nous aurons fait de généreux efforts avant que de subir le sort qui paraît nous être réservé comme colons.

Écoutez donc, Français, et vous surtout amis de l'humanité, qui vous laissez abuser par de vaines démonstrations de philantropie, écoutez : Vos rivaux n'ont que le masque de cette idole du jour, et ne cesseront de vous prêcher des maximes qui ne sont pas les leurs, que lorsqu'ils auront complété votre ruine et leur prospérité !....

Déjà, par le secours de cette brillante fantasmagorie, les Anglais ont su nous amener si près de l'abîme, qu'ils ne se donnent presque plus la peine de cacher à nos yeux le but qu'ils se proposent; déjà ils nous voient nous précipiter de nous-mêmes dans le gouffre; déjà nous leur livrons nos établissemens d'outre-mer, et avec eux notre industrie et notre marine; déjà nous leur livrons le monopole du commerce des deux mondes, source intarissable de richesses et gage perpétuel de la supériorité de leur marine : c'est ainsi qu'ils planeront sur le globe en maîtres souverains; c'est ainsi que leur pavillon promènera sur toutes les mers la gloire et la fierté d'Albion. C'est ainsi que définitivement l'orgueilleuse puissance britannique réalisera à son profit le sens de ce vers si connu :

« Le trident de Neptune est le sceptre du monde! »

Oui, mais si la France le veut, le trident de Neptune ne deviendra, pour sa rivale, le sceptre du monde que lorsque le coq gaulois aura cessé de chanter dans nos climats!...

Il ne faut pas se le dissimuler, sans colonies point de marine, point de commerce; sans esclavage point de colonies; c'est la condition *sine qua non* de l'existence de ces établissemens; existence, d'ailleurs, qu'on ne saurait mettre en question sans anéantir le principe conservateur de l'ordre, sans ébranler la base fondamentale du pacte social, l'inviolabilité de la propriété.

La Charte, réédifiée en juillet dernier, ne contient-elle pas en effet, pour les colons comme pour tous les Français, ces mots sacramentels ? (1)

« Toutes les propriétés sont inviolables, sans excep-
» tion de celles qu'on appelle nationales, la loi ne mettant
» aucune différence entre elles.

» L'état peut exiger le sacrifice d'une propriété pour
» cause d'utilité publique, légalement constatée, mais
» avec une indemnité préalable. »

Ce n'est donc pas notre métropole qui, sous l'influence de pareils principes, voudrait, sans préalables, violer et détruire notre propriété. Non, elle sait respecter la Charte sans doute, mais doit-elle même souffrir que d'autres en méconnaissent l'esprit et en froissent impunément les dispositions ? Et, si déjà elle n'est avertie, ne demandera-t-elle pas compte aujourd'hui à ses agens et à ses rivaux d'une conduite qui, de la part des uns comme des autres, calomnie ses intentions et compromet sa dignité ?...

A en juger cependant par la conduite que tient le gouvernement des îles britanniques et notre gouvernement colonial lui-même, on croirait qu'il existe entre l'Angleterre et la France un pacte secret dont le but serait la destruction des colonies occidentales ; mais l'Angleterre a le capital de ses anciennes colonies hypothéqué sur les Indes, tandis que la France n'a que ses seules colonies pour débouché de ses immenses produits industriels et territoriaux ; or, comment supposer, entre deux puissances si différemment intéressées à la question coloniale, un pacte inique qui violerait, à l'égard des colonies, les lois qui les garantissent avec leurs dépendances

(1) Articles 9 et 19.

comme propriétés ; ce serait sans doute se parjurer dans la foi nationale que de se livrer à de telles pensées ; mais dire que tout se passe ici de manière à donner lieu de le croire, ce n'est que suppléer envers la métropole la franchise et la loyauté de ceux qu'elle a commis à ses intérêts et aux nôtres, intérêts si étroitement liés par la nationalité !....

Oui, nous le dirons : on souffre avec une patience extraordinaire les actes plus ou moins hardis, plus ou moins clandestins de nos voisins ; on les supporte avec tant d'indifférence, qu'il est permis de croire que l'on n'en dit rien à la métropole ou qu'on ne lui dit pas toute la vérité ; car elle le souffre aussi, ou du moins le scandale se prolonge et s'accroît. Sommes-nous donc intéressés à nous taire, comme certaines gens qui laisseraient tout périr plutôt que d'avouer une faute ou de perdre une place?... Non, à part l'intérêt direct que nous avons à réclamer contre un ordre de choses qui nous avilit et rend notre avenir fécond en désastres, il est plus que temps, et c'est même un devoir, de dénoncer à la France un trouble dont la durée compromettrait enfin son honneur et ses droits.

Ne nous bornons donc plus à gémir sur des maux réparables, à répéter au milieu de la désertion d'une cause calomniée parce qu'elle est méconnue : *Ah ! si la France le savait !*..... Que la France le sache enfin ; le pouvoir, rendu à ses vrais élémens, ne vise plus à la crainte, mais à la confiance ; ce qu'il eût été dangereux, tout au moins inutile d'apprendre à la France sous les Villèle, les Polignac, etc., disons-le avec l'espoir d'être écoutés, avec l'assurance d'être compris, à Philippe Ier., aux ministres, aux pairs, aux députés, tous artisans et dépositaires des gloires nationales, défenseurs et garans des droits acquis; et, quand nous leur parlerons de l'intérêt de la patrie, toutes les opinions ne nous serviront-elles pas d'écho? tous les partis ne viendront-ils pas autour du trône se confondre en un seul, celui de la France envers et contre tous?.....

Encore quelques réflexions avant d'en venir aux faits que nous allons dénoncer ; elles serviront à les mieux caractériser.

Lorsque l'Angleterre reflua en quelque sorte dans les Grandes-Indes, et que son commerce n'eût plus qu'un besoin secondaire des colonies de l'Occident, ce tyran de tant de nations civilisées parut tout-à-coup atteint d'une fièvre philantropique dont le délire fut trop exagéré pour être vrai. Ce n'était, en effet, que de l'égoïsme par excellence sous les traits de la douce compassion sur le sort d'autrui. Dans le premier élan de l'enthousiasme on a pu s'y méprendre; mais une nation ambitieuse laisse bientôt pénétrer ses vues secrètes : l'Angleterre s'est dévoilée. Ses anciennes colonies divergeaient trop aux soins de ses vastes possessions de l'Orient; les nôtres prospéraient et contre-balançaient l'importance de ces dernières; ce n'était pas là son compte : son intérêt bien entendu lui commandait le sacrifice apparent des unes pour anéantir les autres.

Dès-lors, la ruine de nos colonies fut une loi pour la politique anglaise; cette politique, profondément astucieuse, se serait armée d'un crucifix au quinzième siècle ; au dix-neuvième elle professa hautement le négrophilisme. Cette belle maxime, avidement accueillie par les peuples européens à l'abri de ses conséquences, semée ici sur un sol cultivé par des mains esclaves, était le germe de notre destruction. La France, toujours noble et loyale, ne vit point le piège tendu à sa générosité ; mais l'Angleterre était bien sûre que le temps allait venir où son système ferait éclore, dans nos malheureuses contrées, des événemens dont on lui laisserait recueillir les fruits au nom de l'humanité.

Ainsi, le premier coup porté aux colonies fut l'abolition de la traite. Les Anglais n'en avaient plus besoin ; la population de l'Inde était sous leurs mains et à la portée des baïonnettes de leurs *blackmen* (1) ; mais les Français devaient-ils envisager du même œil un système fallacieux qui tarissait la source de l'ancienne et constante prospérité de leurs possessions dans nos mers ?

N'importe, sous le régime patriarchal de nos habitans, et quoiqu'en aient pu dire d'obscurs et vils calomniateurs, les ateliers des colonies françaises semblaient devoir bien long-temps encore, et peut-être toujours, se suffire à eux-mêmes. L'abolition de la traite n'était donc plus aux yeux de nos ennemis un coup assez décisif ; et, tandis qu'ils feignent de pousser les hauts cris sur nos infractions prétendues à cette loi prohibitive, arrachée à la condescendance des derniers Bourbons pour prix de leur restauration (2) ; tandis qu'ils fatiguent l'atten-

(1) L'Angleterre, dont la voix s'élève toujours contre la traite, dont les accusations calomnient la discipline des esclaves aux colonies, remplace cette traite par des enrôlemens dont les moyens ont autant d'odieux, et dont les résultats violent également la liberté : les cipayes, produits d'une autre espèce de traite, surveillent aux Indes leurs concitoyens conquis, et les blackmen tiennent ceux-ci en respect et terreur ; ce sont les janissaires de l'Inde.

(2) Louis XVIII ne fit que proroger l'abolition de la traite à cinq ans ; il accéda à l'exigence anglaise. Napoléon, en 1814, décréta cette même abolition ; c'était un besoin de sa politique

tention de l'Europe de leurs réclamations mensongères à ce sujet; tandis enfin qu'ils parviennent à occuper nos chambres d'un nouveau projet de loi dont la rigueur doit faire trembler nos malheureux capitaines marchands et nos armateurs, ils avisent froidement à des moyens de destruction plus efficaces, plus certains et plus prompts que toutes les prohibitions du monde.

Ils savent bien, en effet, que ces mesures ne feront rien contre nous, tant que la métropole voudra sérieusement nous protéger contre la malveillance au-dedans et au-dehors; ils savent bien aussi que ce n'est pas la traite, telle qu'elle a pu se faire sous l'influence de la prohibition, qui chez nous maintenait, à leurs yeux jaloux, cette belle population d'esclaves créoles dans une proportion à-peu-près suffisante à l'exploitation de nos terres; ils le savent et savent aussi que le bail ou privilége affermé à la compagnie des Grandes-Indes touche aux dernières années de son terme; qu'il faut récupérer leurs nationaux du déficit énorme de la dernière exploitation. Quoi de mieux pour y parvenir que de débarrasser le nouvel affermage de la rivalité des colonies de l'Occident? L'abolition de la traite a manqué son but; l'expérience est suffisamment faite que nos ateliers, bien administrés et soignés, ne tirent depuis long-temps de l'Afrique qu'un secours de force accessoire, qu'ils s'accroissent même; eh bien! ils changent l'obstacle en moyens; ils essaient de tourner contre nous cette force numérique de bras qui, naguère encore, rendait nos colonies si florissantes; il la mettent en mouvement par des exemples funestes donnés de chez eux : des élémens de perturbation sont

du moment; mais Louis XVIII à son retour, si soigneux de tout refaire ne fit rien à ce sujet. Son Mentor britannique était là.

habilement dirigés sur une plage qui les reçoit avec avidité. La tâche était facile, il ne fallait pas qu'elles fussent si spécieuses, ces doctrines subversives, pour capter et entraîner loin de toutes bornes la race turbulente et féroce de l'Afrique !

Ne croyez pas cependant que les Anglais se soumettent aux conséquences des principes qu'ils imposent aux autres ; non, s'ils ouvrent les bras aux fauteurs des troubles qu'ils excitent, aux déserteurs qu'ils embauchent chez nous, ils ne laissent pas que de maintenir chez eux une discipline de fer, sous l'influence de la force active et permanente qu'ils y entretiennent au moyen de leur marine, et d'environner leurs administrateurs d'instructions *ad hoc* qui garantissent leurs établissemens contre les effets d'un système dont ils ne sont que les prédicateurs bénéficiaires.

Si l'effet de ces doctrines désorganisatrices déborde chez eux les précautions, rien alors d'exterminateur comme le régime de ces philantropes ; la moindre insubordination de leurs esclaves les décime et dépeuple la campagne sous la hache et la fusillade. J'en atteste leur loi martiale, leur drapeau rouge ; j'en atteste encore l'histoire de la Barbade, de la Jamaïque et d'Antigues, d'Antigues, dont les troubles sont, comme nos désastres, l'œuvre anglaise de cette année !

Ne croyez pas que nos perfides voisins se soumettent davantage aux conséquences funestes des châtimens destructeurs qu'ils infligent à leurs esclaves ; non, pas plus qu'ils n'ont voulu se soumettre à celles des principes qui les ont nécessités ; la désertion qu'ils encouragent, et à laquelle ils ouvrent un asile, alimente les ateliers qu'ils ont décimés.

Telle est la part qu'ils se sont faite dans les résultats du système dont ils ont empoisonné les colonies; ne reconnaîtra-t-on pas enfin le jeu caché de ces comédiens de la philantropie ou plutôt du négrophilisme?

Tout favorise malheureusement ces plans désastreux et d'une immoralité si profonde. Le bandeau est sur nos yeux et la tentation à notre porte. Un canal de quelques lieues sépare à peine la Martinique de Sainte-Lucie et de la Dominique, et la Guadeloupe d'Antigues. A ces facilités d'évasion, joignez l'embauchage, les suggestions, l'appât trompeur de la liberté, et enfin l'espoir de l'impunité, même dans le crime, et l'on comprendra quel peut être l'avenir de notre culture.

La désertion de nos esclaves, déjà fréquente alors même qu'ils pouvaient avoir encore quelque appréhension de la réception qui les attendait chez l'Anglais, et de l'indépendance précaire dont ils jouiraient dans l'émigration, n'a plus de bornes, aujourd'hui que l'expérience de la sécurité est faite pour eux, de quelques crimes, d'ailleurs, qu'ils puissent être couverts. Aussi, pas de jour qui ne coûte à la colonie jusqu'à dix esclaves emportant dans leur fuite plus ou moins d'argent ou d'objets volés à leurs maîtres.

Et pourtant, aucune mesure préventive, pas davantage de lois répressives : la colonie, il est vrai, outre les bâtimens de la station, entretient à grands frais nombre de bâtimens de guerre légers; mais, sauf le service fiscal de la douane, ils n'ont pas d'ordres relatifs aux évasions d'esclaves; nous ne savons pas même s'ils oseraient en arrêter en mer, quelque flagrant que fût le délit!

Par des représentations réitérées, on avait arraché du gouvernement prédécesseur de celui de M. Dupotet deux mesures, dont l'une établissait une croisière dans les canaux et le long des côtes de nos îles de l'Archipel, et l'autre excluait de nos rades les bateaux anglais d'un faible tonnage, suspectés, à juste titre, de n'avoir d'autre destination que de tenter et ramasser à gros frêt nos esclaves fugitifs. Grâces à ces mesures, le mal s'était ralenti; il aurait même cessé, le remède était efficace. Tout-à-coup, et l'on ne sait trop pourquoi, ces deux mesures sont supprimées, et le mal recommence de plus belle, et s'accroît de jour en jour dans une progression effrayante.

Aux ordonnances françaises dont il vient d'être question, et, pour en faire le contre-poids, les Anglais avaient fièrement répondu par un arrêté condamnant à mort, chez eux, tout maître ou patron de bateau qui livrerait ou aiderait même à livrer un nègre français fugitif. Nos ordonnances ont été timidement rapportées, et leur arrêté existe encore plein de vigueur.

Passe encore pour l'autorité anglaise de nous faire un tort dont elle tire avantage; mais que nos administrateurs le souffrent, se taisent ou ne réclament que pour se faire affronter impunément, c'est ce que nous ne pouvons plus tolérer sans trahir nos intérêts et ceux de la métropole.

Comment se taire, en effet, en présence de ce qui s'est passé, de ce qui a lieu tous les jours, de ce qui peut se renouveler encore à notre honte? Comment se taire, lorsque tant de circonstances ont enfin donné aux faits un caractère tel, que, si j'en crois l'émotion qu'a produite chez moi celui que je vais citer comme le principal objet de ma note, il n'est pas un cœur français qui ne s'en doive indigner; pas un, ce me semble, qui ne doive tressaillir à l'insulte; comment se taire, quand l'insulte est nationale surtout, et tend à compromettre la dignité de la France?

Et pourtant, l'homme qui devait être ici le plus ému de l'outrage fait en sa personne à la nation, a souffert cette insulte avec l'inertie d'un corps inanimé!........ La griffe du léopard anglais s'est enfoncée dans sa chair sans y rencontrer une seule fibre sensible.

L'assurance d'une retraite impénétrable à la justice n'a pas été, sans doute, l'une des moindres causes qui, en février dernier, ont livré la colonie à l'incendie, au meurtre et au pillage; mais c'était peu que d'offrir un refuge, l'hospitalité britannique, toujours dépendante de l'intérêt, est plus large à Sainte-Lucie qu'elle ne l'a été à Sainte-Hélène. Le grand nombre des coupables réfugiés chez nos voisins menace incessamment les côtes de la Martinique; naguère encore, c'était peu de temps après les attentats de février, une embarcation, partie de Sainte-Lucie, a vomi sur la côte de Sainte-Anne une bande d'incendiaires qui n'ont pris la route de leur repaire qu'après avoir mis le feu à la maison principale et aux plantations de l'habitation des héritiers Préau, gérée par le sieur Eudes. C'est ainsi que l'on cherche à tenter nos ateliers par l'exemple du mal et de l'impunité.

Arraché à son apathie par le concours des plaintes, mû par le sentiment d'une responsabilité à laquelle les prétextes allaient enfin manquer, notre gouvernement colonial se décide à une démarche dont le résultat devait nous couvrir de confusion.

Un petit bâtiment de guerre est envoyé à Sainte-Lucie; celui qui le commande a mission de réclamer l'extradition des esclaves fugitifs, et surtout des criminels de février; on répond par une dépêche officielle :

1°. Que le gouvernement britannique considère comme

délit politique la révolte du 9 février et l'incendie qui s'en est suivi; qu'en conséquence, l'extradition des coupables, esclaves ou autres, ne saurait avoir lieu sans violer le droit des gens, ainsi qu'il s'exerce entre la France et l'Angleterre.

2°. Que l'on consent bien à livrer aux tribunaux et non aux maîtres (parce qu'il n'y a plus d'esclaves parmi ceux qui ont touché le sol britannique) les réfugiés coupables de crimes et délits, mais seulement de crimes et de délits étrangers aux attentats de février, c'est-à-dire commis isolément avant ou après ces attentats.

3°. Que l'extradition de ceux-là mêmes n'aurait lieu que sous les conditions suivantes : d'abord, qu'une procédure régulière serait suivie à la Martinique contre les prévenus réfugiés à Sainte-Lucie; ensuite, que l'arrêt qui interviendrait, ainsi que la procédure, seraient soumis à la juridiction anglaise de cette dernière colonie à laquelle on fournirait de plus, en personnes, pour être entendus de nouveau, les principaux témoins de l'information, afin que les magistrats anglais fussent mis à même d'apprécier le mérite de l'arrêt et de démêler le genre de criminalité qui pourrait entraîner l'extradition demandée.

Quel Français n'eût porté la main sur la garde de son épée en lisant une pareille missive!!!! Mais tous les cœurs ne sentent pas de la même manière!!!! M. le gouverneur de la Martinique n'a trouvé rien de mieux à faire que de transmettre cette insultante dépêche à la cour prévôtale installée à Saint-Pierre, *avec ordre de s'y conformer!!!* La dépêche est datée de Sainte-Lucie, 11 avril courant, et l'ordre est du Fort-Royal, le lendemain 12. Je les ai vus et lus au greffe de la cour prévôtale que m'ouvre ma qualité de défenseur de quelques prévenus,

Malheur à l'Anglais qui compromettrait à ce point le dépôt de l'honneur britannique, de l'orgueil national. Qu'on interroge l'histoire intime de ce peuple, et l'on verra ce qui en serait en pareil cas!!!

Je l'avoue, quelle que puisse être la suite de mon aveu; quelqu'expérience que j'aie pu déjà faire d'un pouvoir ombrageux et vindicatif, le premier, j'ai fait part de mes observations sur l'exécution d'un pareil ordre aux membres de la cour prévôtale.

Quoi! un insolent proconsul étranger exige qu'un arrêt de cour souveraine, sans appel, sans pourvoi dans notre législation, soit soumis à la révision d'une juridiction anglaise et y subisse l'affront d'un doute offensant, et peut-être d'une ignominieuse réformation! Mais, au nom de qui rend-on donc la justice en France? Le protocole des arrêts n'en avertit-il pas assez? C'est Philippe Ier.; c'est le Roi des Français qui prononce l'oracle par l'organe des juges, et ces juges, dépositaires infidèles de sa dignité et de ses prérogatives, les compromettraient au point de consentir, d'aider même à ce que cet oracle allât subir le contrôle de la foi britannique et l'épreuve d'un témoignage? Mais ce serait en même temps trahir son pays, ses lois et son Roi!!...

Sur quelles bases, d'ailleurs, les prétentions de la dépêche du 11 avril s'appuient-elles, et quels en sont les motifs pour trancher au vif dans les points les plus essentiels de notre législation coloniale? Veut-on donc acquiescer aux distinctions arbitraires qu'elle contient et reconnaître les droits politiques aux esclaves?

Ils sont libres, disent les Anglais, dès qu'ils touchent le sol britannique! Mais ce sol britannique, Sainte-Lucie, par exemple, est cultivé par des mains esclaves, cent fois plus esclaves que les nôtres !........ Mais un de leurs parlementaires disait encore aux dernières sessions qu'il ne saurait être raisonnablement question de l'émancipation des noirs aux colonies anglaises, sans le dépôt préalable d'un milliard sterling ; l'Angleterre n'a-t-elle pas l'air ici de dire à la France : Vous n'aurez pas d'esclaves ; mais j'en aurai , *quia ego sum leo!*....

Depuis quand encore, une fuite, un larcin, qui enlève à autrui une propriété légitime et légale, peuvent-ils avoir pour effet de consacrer en droit un avantage pour le coupable? A l'appui d'un fait violent, on réclame en vain le droit des gens , le paradoxe est grossier. Le droit des gens, en effet, permet-il donc à l'Angleterre de disposer à son profit des intérêts de ses voisins , de dépeupler leurs colonies pour peupler les siennes, de contrarier leur législation. et d'insulter à leur dignité? Ces caractères se rencontrent dans la déclaration qu'elle a faite à M. Dupotet. L'embauchage et la désertion attirent nos esclaves chez elle ; là , le besoin les appelle au travail et les ordonnances les destinent à *Siera Leone.*

L'impunité qu'elle leur promet , la protection qu'elle semble leur accorder séduit , entraîne ces misérables ; et par son fait, elle occasionne donc une véritable spoliation ; elle cause donc sciemment la perte pour les colons français d'une propriété réelle dans la personne de leurs esclaves et dans leurs manufactures qui demeurent sans bras ; et cela, sans le consentement de la France, sans ce consentement qui , de sa part, ne saurait être légal, aux termes de la Charte et de l'art. 545 du Code civil, sans l'allocation d'une indemnité préalable ; enfin , les administrateurs de Sainte-Lucie viennent s'arroger un droit de juridiction suprême sur les cours et tribunaux français ; ils en suspectent de plus la foi magistrale hautement et *à facie judicis!*... Est-il en législation un pareil monstre qui puisse prendre le titre de droit des gens?

Il est une pétition de principe bien plus étrange encore que nous offre l'invocation britannique au droit des gens, c'est la création d'une possession d'état à nos esclaves ; mais qu'on y réfléchisse : l'exercice actif d'un droit quelconque ne saurait appartenir qu'aux personnes, et, pour ne pas équivoquer, aux personnes capables ; or, le droit des gens, comme tout autre, et tel qu'il a pu être établi entre la France et l'Angleterre, n'a pu comprendre les esclaves que comme propriété. De quelle absurdité n'est-il donc pas de venir réclamer ce droit au nom des meubles volés et recélés ? S'agit-il de celui du voleur ou du volé ? Celui du voleur, c'est le vôtre ; celui du volé, c'est le nôtre ; ils ne sauraient se satisfaire de la même manière ; est-ce enfin le droit des gens de l'objet détourné, c'est-à-dire celui des esclaves ? Mais, en conscience, en peut-il être question autrement que comme un prétexte léonin ?

Aussi, a-t-on commencé par une fiction : *L'esclave qui touche le sol britannique devient libre !* Etrange effet de terroir qui n'agit que sur l'esclave d'autrui !......

Veut-on une preuve plus éclatante encore de l'erreur, du danger et de l'immoralité des maximes britanniques ? Elle est dans l'absurdité des conséquences qu'en tire le gouvernement anglais lui-même, de telle sorte que, selon lui, l'esclave qui isolément a mis le feu à une propriété, celui qui a pareillement assassiné son maître ou tout autre individu, l'esclave enfin qui, de la même manière, a commis un vol au préjudice d'un particulier, est coupable et peut être rendu ; mais si les esclaves s'en‑

tendent entre eux, se révoltent à main armée et livrent une colonie entière à l'incendie, au meurtre et au pillage, ils n'ont commis qu'un délit politique, et l'asile et l'inviolabilité individuelle leur sont garantis!...

Qui ne reculera devant la consécration de pareils principes? Qui voudra préparer de pareils fléaux aux malheureux habitans des colonies? Quels juges enfin voudront prostituer jusque-là leur sacré ministère, leur nationale investiture? Pas un, nous aimons à le croire : ils sont Français ces juges, ils ont tressailli devant l'insulte de l'étranger. Un chef mal avisé, mal entouré, seul a pu s'y méprendre et en donner l'ordre ; mais cet ordre impraticable sera révoqué sur des représentations de nos magistrats, ou restera comprimé sous des protestations motivées par tout ce que l'homme a de cher et sacré, l'honneur et la patrie!......

Qu'on sache, du reste, qu'il n'existe pas dans la législation anglaise une seule disposition de loi qui puisse justifier les droits que les Anglais s'arrogent ici. Ce sera d'ailleurs aux ministres de la France à vérifier si les traités avec la Grande-Bretagne accordent, à cette dernière puissance, l'exercice d'un monopole exclusif sur les esclaves. C'est, dit-on, en vertu du droit des gens qu'on recèle ceux des colons français ; c'est sans doute aussi par le droit des gens qu'on va les enlever bientôt à la civilisation et aux dogmes rationnels de nos climats pour les replonger dans les déserts de l'Afrique!......... Les Anglais ont besoin d'arroser de leur sueur et d'engraisser de leurs cadavres le sol ingrat de *Sierra Leone*. Ce sera leur Alger. Que la France, encore une fois, apprécie dans sa force et dans sa sagesse si elle a jamais permis ou youlu tolérer l'exercice à son égard d'un pareil droit des gens.

Dans tous les cas, voici l'origine et l'historique de ce prétendu droit des gens.

L'Angleterre, pour restreindre les intérêts coloniaux aux seules Grandes-Indes, a, comme nous l'avons dit, demandé et exigé même de notre ministère l'abolition de la traite des noirs. Plus tard, son inquiète jalousie prétextant que ce commerce, favorisé clandestinement par la France, avait lieu nonobstant la prohibition convenue, déclara qu'elle se saisirait des bâtimens français rencontrés en mer et convaincus de s'y livrer. En conséquence elle donna des instructions à sa marine, et notre commerce fut vexé et souvent injustement spolié. Le moindre soupçon a autorisé la capture d'un trop grand nombre de navires français, pour que la voix des capitaines et des armateurs ruinés par cette piraterie ne viennent pas ici se joindre à la nôtre. L'impatience de l'Angleterre a devancé le moment où la ruine des colonies françaises, inévitable désormais, allait lui livrer entièrement le monopole des produits de ces régions, et frapper d'une nullité absolue la marine de France réduite à garder ses seules côtes. Elle se déclara encore à elle-même que tous les noirs Africains qui toucheraient aux possessions anglaises, seraient arrêtés *et rendus libres à leur patrie*, si le maître ne justifiait pas que la présence *de ces noirs dans les colonies était antérieure à l'abolition de la traite.* Mais les Anglais repoussèrent dans l'occasion toute ouverture sur la preuve autorisée par eux-mêmes; et les nègres étaient irrémissiblement confisqués par cela seul qu'ils étaient entre les mains des agens de l'Angleterre;

et enfin , pour ôter tout prétexte aux réclamations, ils arrêtèrent indistinctement tous les esclaves Africains ou créoles qui tombaient entre leurs mains , et ils en sont venus à les attirer chez eux.

Toujours précautionneux de couvrir leur conduite politique, d'un voile qui en dérobe la laideur et le danger aux yeux intéressés , ces apôtres de l'humanité avaient donc annoncé que ces nègres devaient être rendus à leur patrie !.... Mais ce n'était là que le prétexte ostensible de leurs actes violens ; le motif caché, le voici : cette patrie des noirs à laquelle on allait les rendre est bien l'Afrique , mais l'Afrique si grande était toute dans *Sierra Leone*, et la liberté dont on parlait consistait pour ces noirs à n'habiter que là, à y travailler pendant un laps de temps considérable au profit du domaine anglais (1).

C'est donc de l'abus que l'on a fait, d'un premier abus de la convention synallagmatique entre les deux nations, que découlent aujourd'hui, comme d'une source abondante, les fléaux qui nous environnent ; c'est d'une première violation du droit des gens par l'Angleterre, (violation qui résulte de son habitude d'agir seule, d'interpréter, modifier et rompre les traités au gré de son ambition et de ses intérêts) que dérive encore ce qu'elle

______

(1) Déja cette détermination prise, et retardée seulement dans son exécution, par un certain Jérémie, agent anglais à Sainte-Lucie, va recevoir, sur de nouveaux ordres, son entier accomplissement. Jérémie, dit-on, trouvait plus profitable à ses intérêts de conserver autour de lui les réfugiés, de l'industrie desquels il tirait parti : c'est ainsi qu'avec les esclaves de la tuilerie du chevalier Faure il avait établi une poterie dans la colonie qu'i lgouverne.

s'arroge définitivement sous le prétexte du droit des gens, c'est-à-dire , la faculté d'attirer et retenir nos esclaves Africains anciens ou nouveaux dans le pays, et même nos esclaves créoles de père en fils depuis une longue génération. Est-ce bien là l'exercice du droit des gens qui a pu découler du traité de 1814? Non, sans doute. Et lorsque l'action anglaise ne pouvait être tout au plus que celle de réclamer des mesures circonscrites dans la seule utilité du maintien d'un pacte onéreux de part et d'autre, elle en laisse le poids à la France ; et, par une monstruosité inouie en législation, elle établit en dehors du contrat des pénalités dont elle seule profite!..

Voilà bien la politique anglaise ! Nulle franchise, nulle loyauté dans les moyens ; une tendance imperturbable vers le but : la ruine et la destruction de nos colonies, à tout prix !...

Il est temps, plus que temps que la France fasse cesser ce brigandage et oppose sur les lieux, au scandale, une répression suffisante.

Ne doit-on donc pas se ressentir ici de l'influence vigoureuse de l'astre de juillet ! Que l'affection de nos compatriotes d'Europe, sous cette ère de nationalité, revienne donc à nous sans prévention ! Qu'ils étudient, mieux qu'ils ne l'ont fait jusqu'à présent, la position intéressante de ces colons si courageux dans le malheur, si braves dans le danger, si patiens dans le dommage personnel, mais qu'émeut la moindre injure nationale, et qui ne parlent enfin de leurs griefs que parce que ces griefs sont devenus aussi ceux de la mère-patrie.

Il est temps que la France régénérée fasse revivre ses droits et ses priviléges nationaux. Si elle ne veut pas déchoir du rang distingué que sa puissance et la gloire lui assignent parmi les nations du monde , il faut qu'elle s'épure de toute influence étrangère dans la direction de ses affaires et de celles de ses dépendances. C'est le vœu des colons. Sont-ils donc indignes d'être soutenus, encouragés et protégés comme enfans de la France, ceux qui ne cesseront de proclamer jusqu'à leur dernier soupir des vérités utiles à la gloire de leur patrie !...

Il est temps que la France reprenne ses glorieuses traditions. Le brave amiral Duperré n'en a-t-il pas laissé de toutes récentes à recueillir dans l'Inde et dans les mers de ce tropique. On s'en souvient ici, et ce souvenir rend plus amère encore la triste comparaison qui s'établit d'elle-même entre les hommes et les époques !... Lorsque le pavillon qui flotta sur *le Vengeur* et dans la rade de Toulon, en 1793, avait cessé de se déployer sur la France, le noble et généreux Duperré demandait et obtenait des Anglais, dans le port de Saint-Thomas, réparation publique et solennelle d'une insulte faite à la glorieuse relique (1).

Voilà par quels agens la noble France doit se faire représenter au loin. Ceux-là, du moins, donneront une juste idée de sa force et de sa dignité. La seule présence de tels hommes comprime le scandale, décourage la ten-

(1) En 1826, un jour de solennité, plusieurs bâtimens de guerre anglais s'étaient pavoisés ; le drapeau tricolore avait été placé sous la poulaine des vaisseaux. L'amiral Duperré entre sur ces entrefaites dans le port de Saint-Thomas, où le fait avait lieu ; indigné de voir le guidon de l'ancienne gloire nationale placé de manière à recevoir les immondices du bord, il tire son épée et jure de ne la remettre qu'après réparation éclatante d'une injure personnelle à tout Français qui avait eu l'honneur de servir sous *le vieux drapeau* ; il exigea et obtint en effet cette réparation.

tative et refoule l'insulte et les attentats jusqu'au fond du cœur des plus audacieux. Nous avons droit à exprimer ces vœux. Ici, la France ne peut être insultée sans spoliation de notre propriété, menace à notre existence, violence à nos affections nationales.

L. C., avocat.

Un fait, que le prochain départ du dernier navire annoncé pour le Hâvre ne nous permet que d'indiquer ici, vient enfin mettre le comble au scandale.

L'évasion simultanée de dix nègres esclaves venait d'avoir lieu sur deux points différens des côtes de la Martinique. On accorde aux sollicitations des propriétaires de mettre la felouque de la douane, l'*Espérance*, à la poursuite des fugitifs. A peine dans le canal de Sainte-Lucie, *et encore sur nos atterrages*, la vigie du bâtiment chasseur signale une embarcation montée par un grand nombre de noirs. On croit naturellement à l'heureuse rencontre de ceux que l'on pourchasse.... Le cap est mis sur la pirogue signalée, on la joint. Bien loin de ce que l'on pensait y trouver, qu'y voit-on?... *Dix nègres esclaves de Sainte-Lucie, fugitifs de chez leurs maîtres, propriétaires anglais*, qui déclarent que des milliers de leurs camarades viendront incessamment, comme eux, réclamer du gouvernement de la Martinique les mêmes faveurs que l'on accorde à Sainte-Lucie aux fugitifs de cette première colonie!.....

Nous n'avons que le temps d'une rapide indication de faits. Ne suffira-t-elle donc pas pour donner au gouvernement français l'éveil sur les projets de l'Angleterre, et l'occasion de répudier une odieuse participation à l'exécution de ces projets? Qui veut la fin veut les moyens; et, à cet égard, nous avons la mesure de la délicatesse britannique. En venir à l'émancipation des noirs aux colonies, n'importe par quelles voies!....

« *Usez de représailles* envers nous quand les esclaves » de Sainte-Lucie émigreront dans votre île, » disait dernièrement l'autorité anglaise à quelques propriétaires de la Martinique venus à Sainte-Lucie pour y réclamer leurs esclaves... Ce mot donne la clef de cette double émigration. Tous les esclaves des possessions anglaises viendront se faire émanciper dans les îles françaises, et ceux de ces dernières recevront le même sacrement politique dans les colonies britanniques. Telle est, sans doute, l'insinuation du gouvernement anglais, contenue dans ces mots : *Usez de représailles...* Mais envers qui?... Les malheureux colons anglais et français n'ont aucunes représailles à exercer les uns contre les autres, *eux que l'on trouve moyen de frustrer et du dépôt préalable du milliard sterling et de l'indemnité voulue par la charte de juillet et l'art. 545 du Code Napoléon.*

Quoi qu'il en puisse être, le cas est actuellement embarrassant. Comment s'en tirera M. Dupotet? Que fera-t-on des nègres anglais? La première démarche de notre gouvernement local doit nécessairement exercer une telle influence sur nos affaires, qu'on l'attend avec anxiété. Il en référera sans doute à la métropole; mais en attendant? Danger presque égal à renvoyer les fugitifs ou à les conserver libres. Renvoyés? La suprématie anglaise résulte de cet acte de *faiblesse* pour des esprits grossiers qui n'aperçoivent qu'un fait; et, de là, confiance entière dans l'émigration de nos esclaves. Leur donner ici les mêmes droits que ceux accordés chez nos voisins à nos fugitifs? C'est acquiescer au scandale et détruire tous les principes de morale et de légalité; c'est faire naître de bien urgentes, de bien terribles nécessités pour les propriétaires des colonies!..... Les conserver pour en faire plus tard l'objet d'un cartel d'échange? Nous doutons de l'accession de l'Angleterre à un pareil traité. Il serait même curieux de tenter l'aventure en les lui renvoyant sans condition : peut-être refuserait-elle de les recevoir!...